ASTROLOGIE

LIVRE DE COLORIAGE

VIERGE

PARTIE 1

Astrologie et signes du Zodiaque

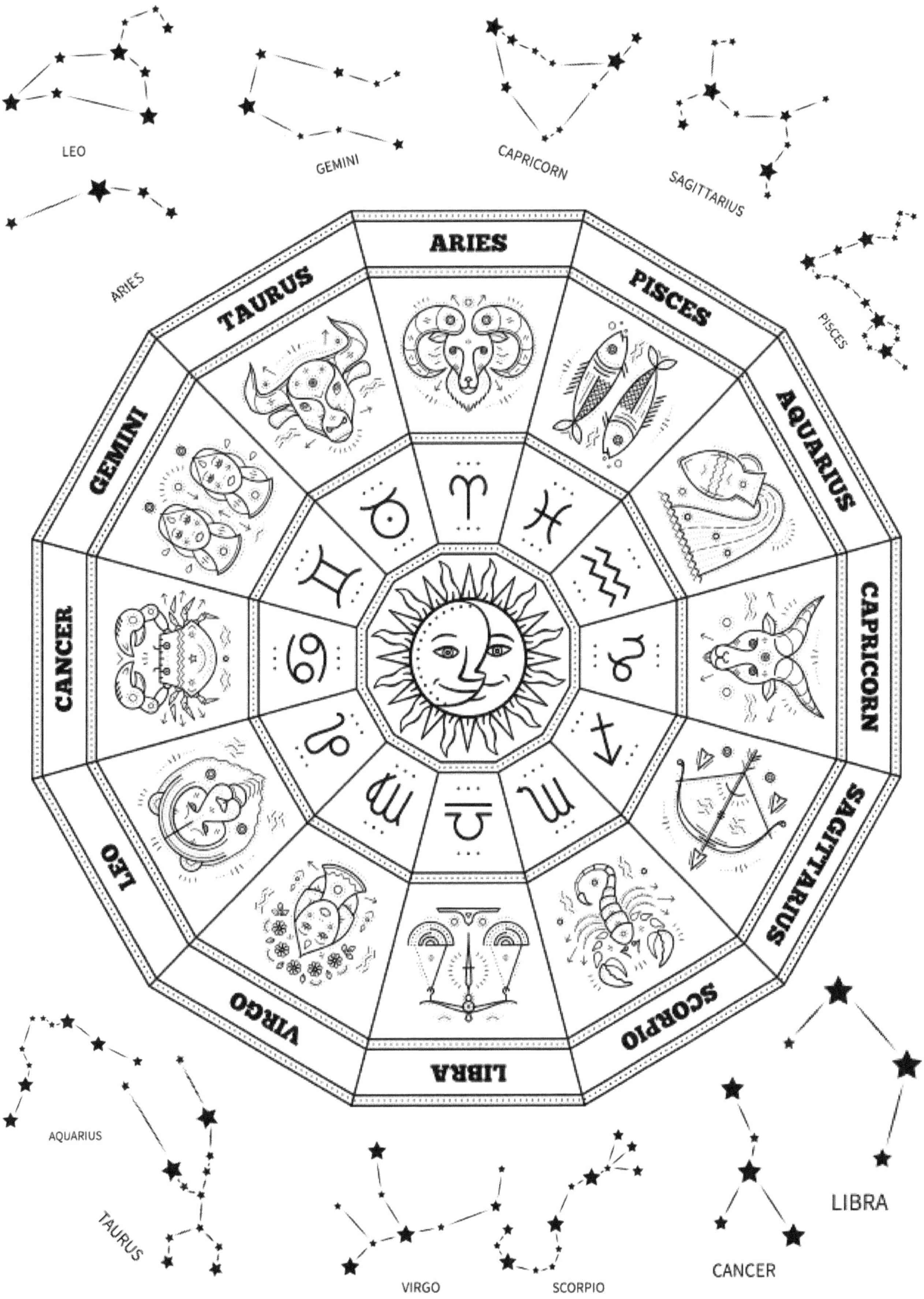
LEO
GEMINI
CAPRICORN
SAGITTARIUS
ARIES
PISCES
ARIES
TAURUS
PISCES
GEMINI
AQUARIUS
CANCER
CAPRICORN
LEO
SAGITTARIUS
VIRGO
SCORPIO
LIBRA
AQUARIUS
TAURUS
VIRGO
SCORPIO
CANCER
LIBRA

VERSEAU

21 janvier - 18 Février

POISSONS

19 Février - 20 Mars

BELIER

21 Mars- 20 Avril

TAUREAU

21 Avril - 20 Mai

GEMEAUX

21 Mai - 21 Juin

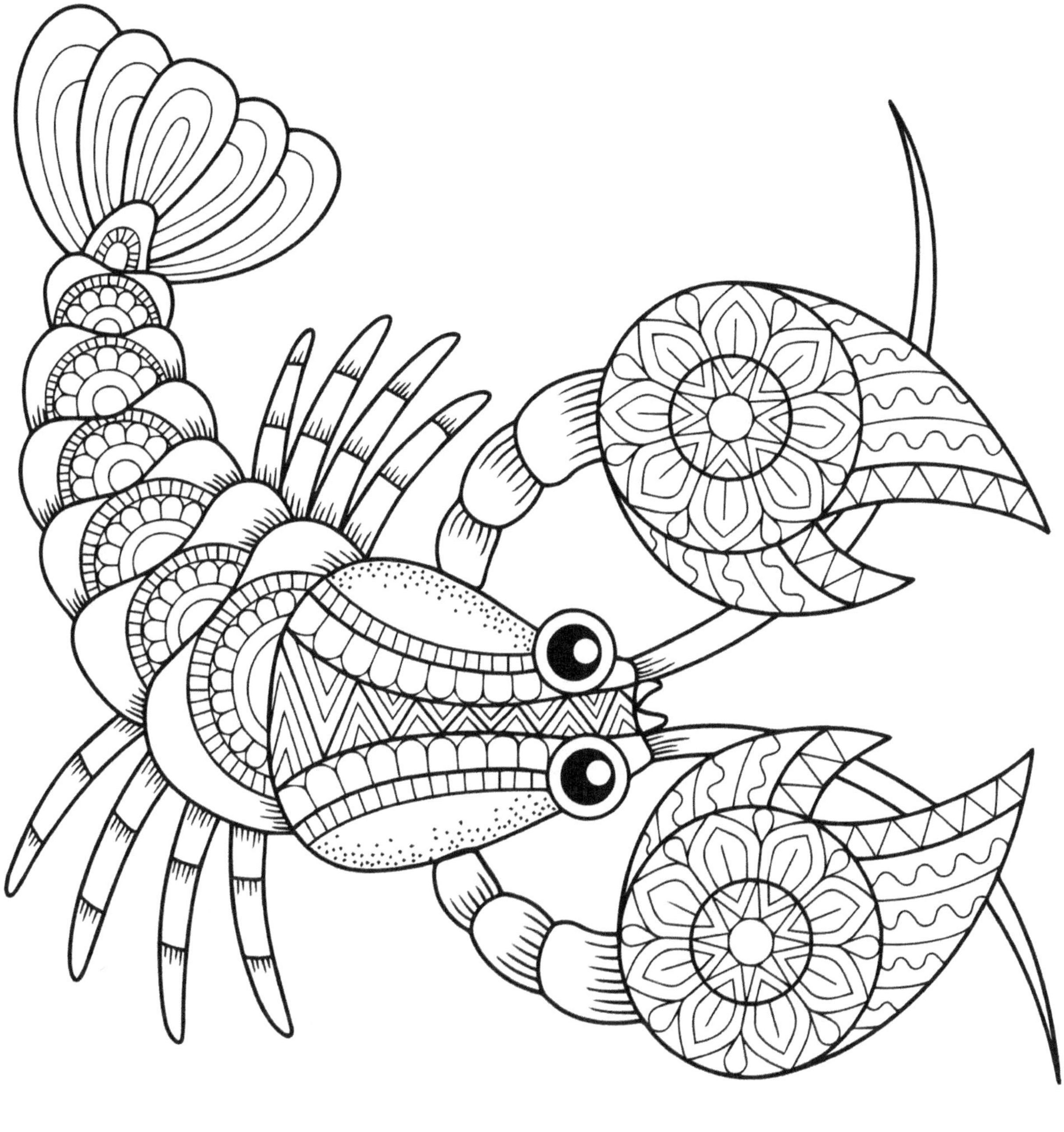

CANCER

22 Juin - 22 Juillet

LION

23 Juillet - 22 Août

VIERGE

23 Août - 22 Septembre

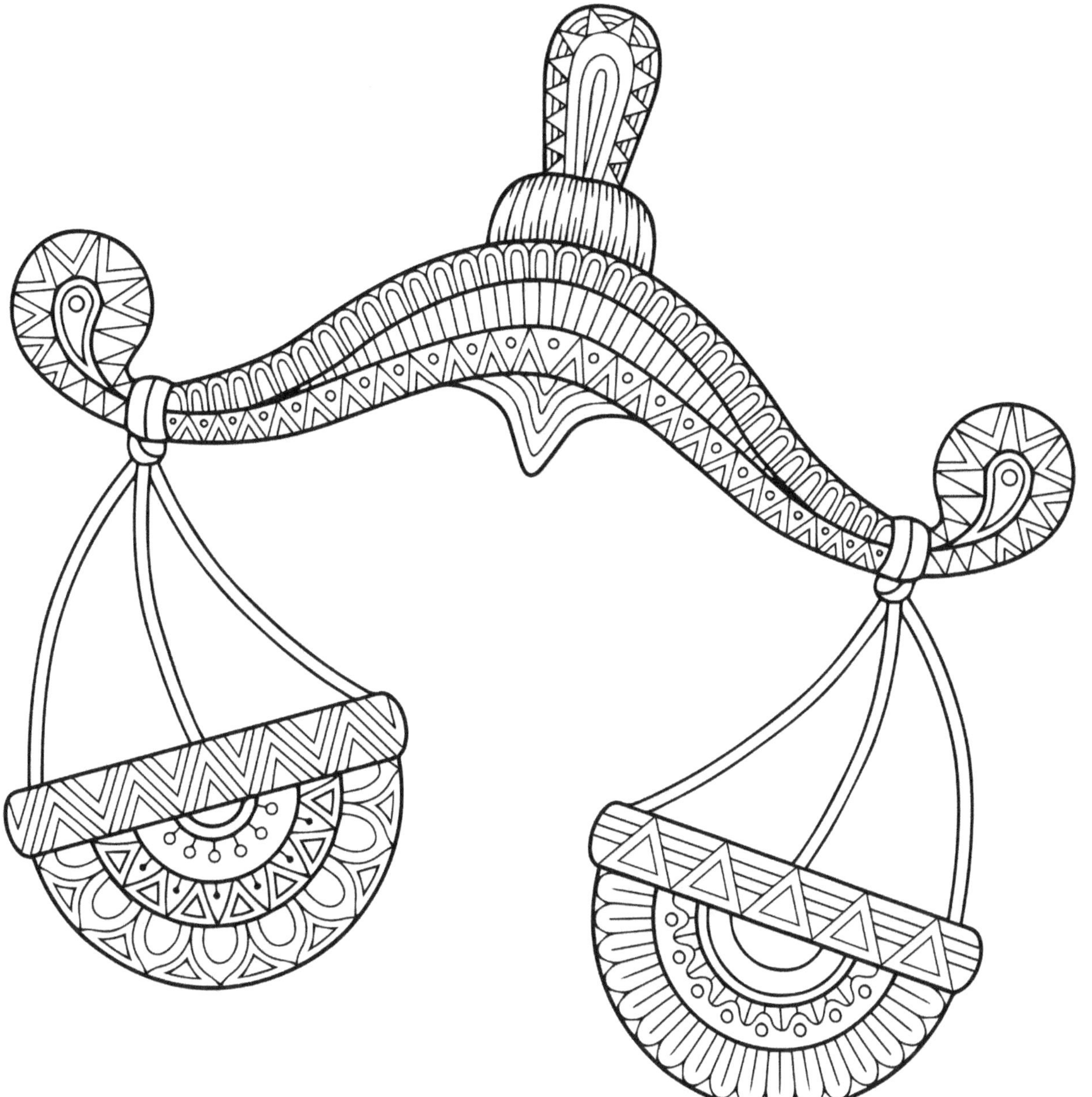

BALANCE

23 Septembre - 22 Octobre

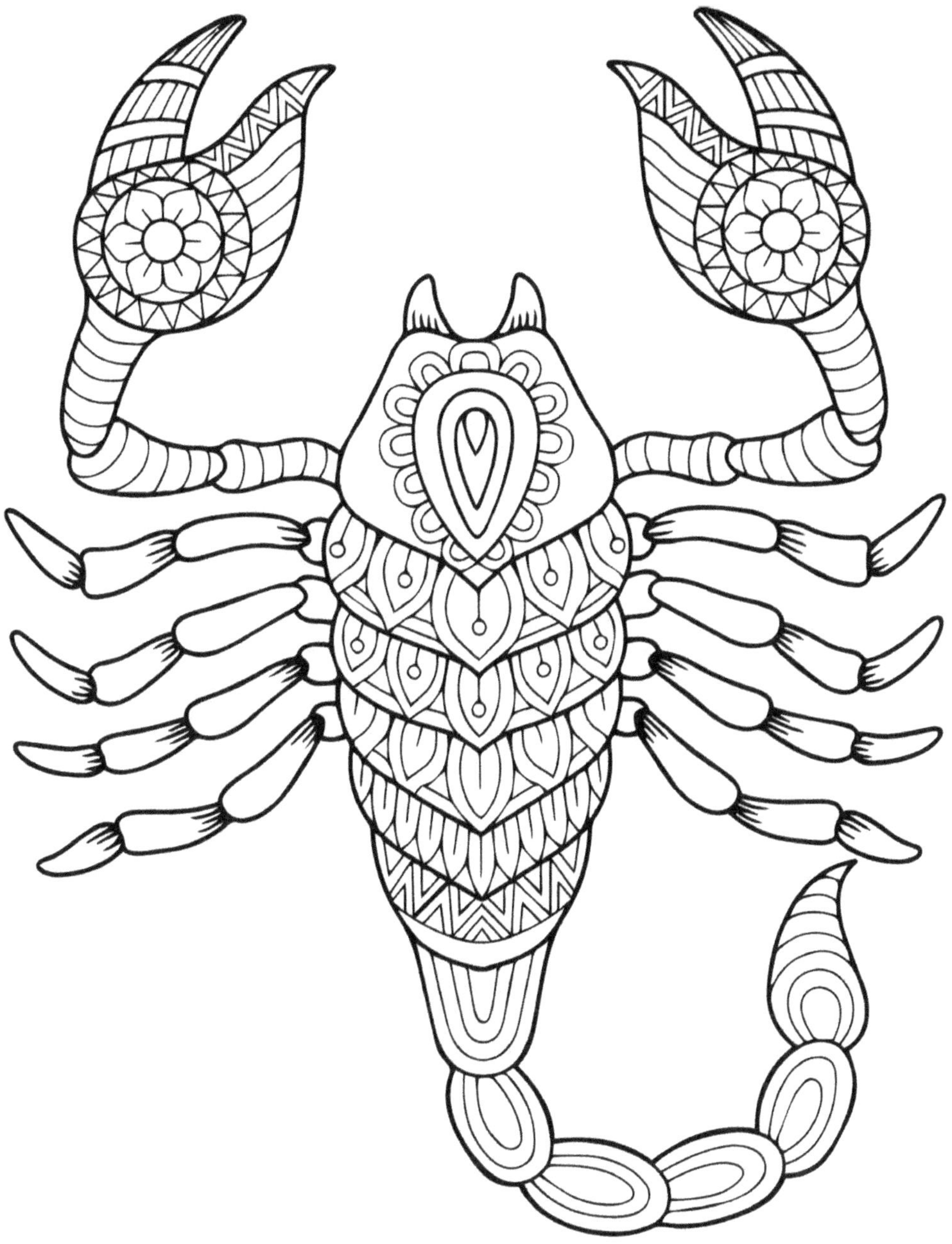

SCORPION

23 Octobre - 22 Novembre

SAGITTAIRE

23 Novembre - 21 Décembre

CAPRICORNE

22 Décembre - 20 Janvier

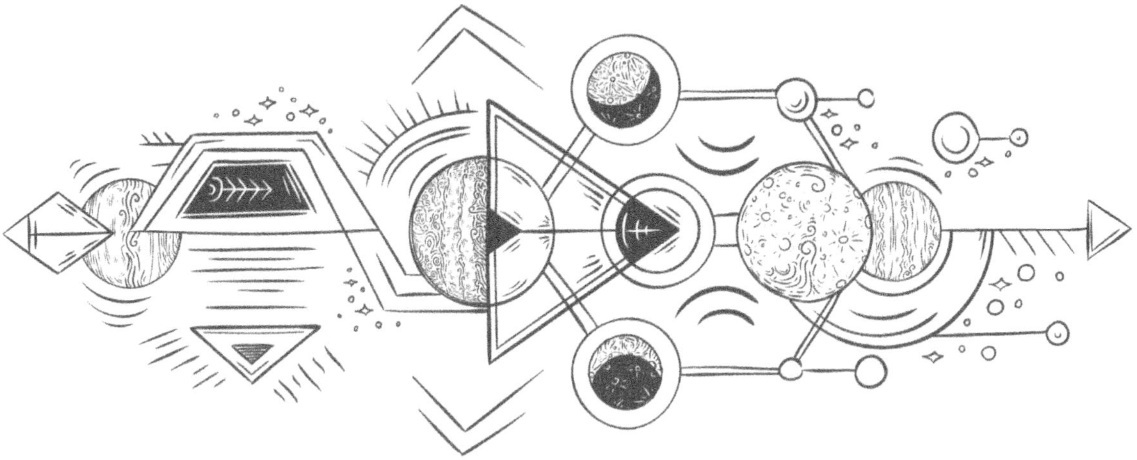

TAURUS
VIRGO
AQUARIUS
LEO
SCORPIO
CANCER
GEMINI
CAPRICORN
LIBRA
SAGITTARIUS
PISCES
ARIES

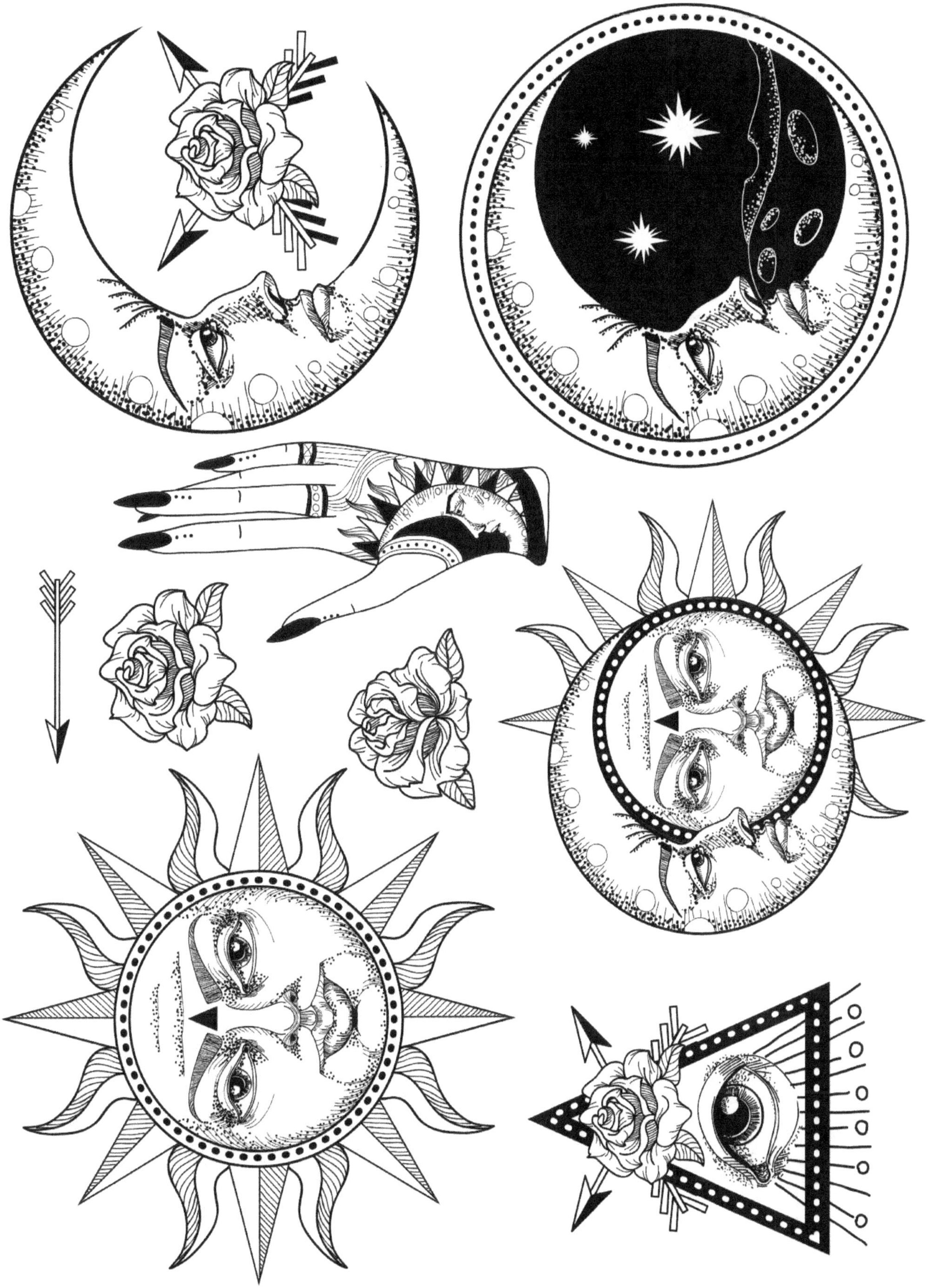

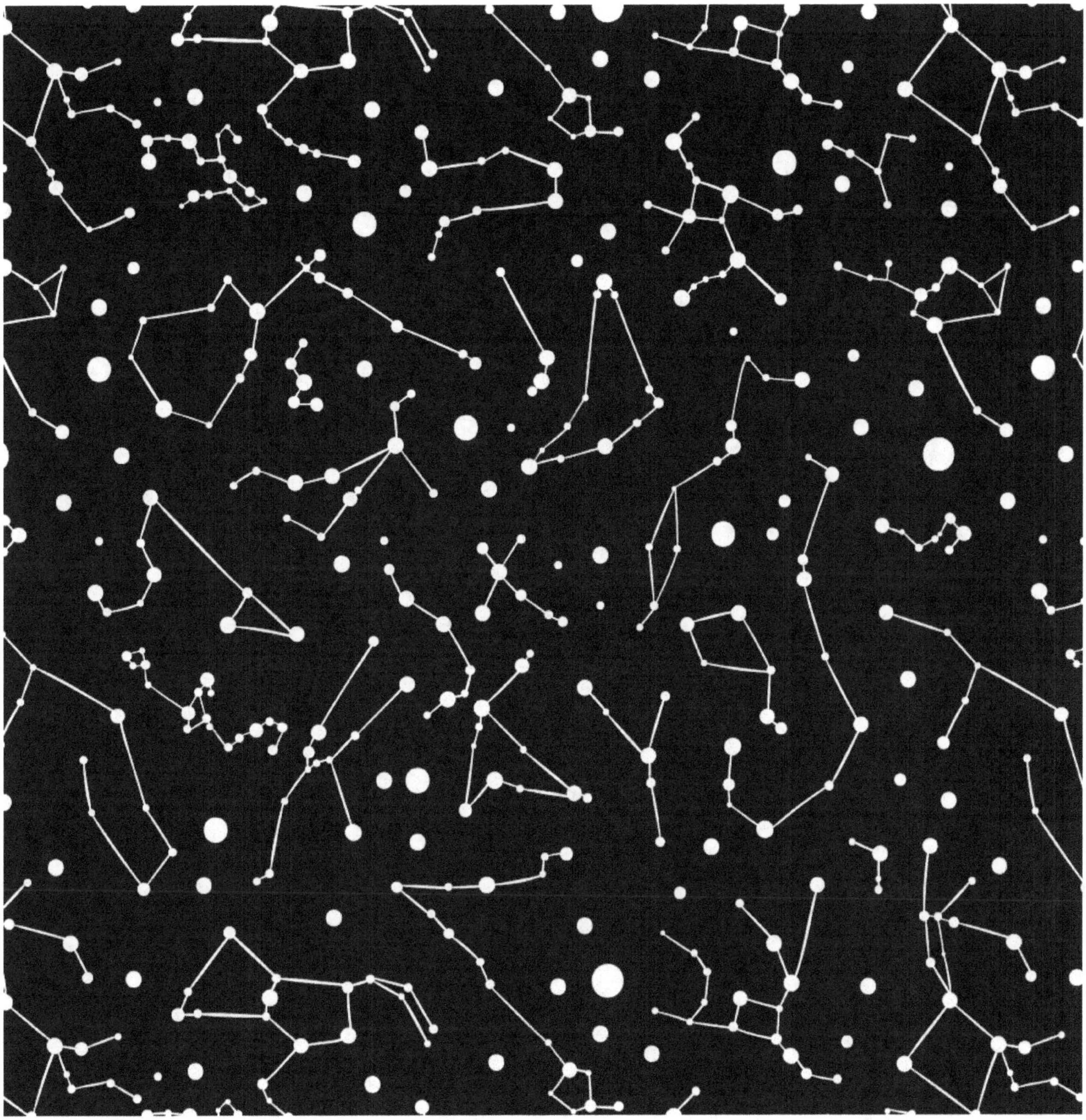

PARTIE 2

Signes Vierge

Virgo

♍
VIRGO

VIRGO

www.ingramcontent.com/pod-product-compliance
Lightning Source LLC
Chambersburg PA
CBHW080003180726
48002CB00020B/2932
* 9 7 9 8 6 9 6 8 1 2 8 0 9 *